La hora perdida

ANDRÉS PARÍS MUÑOZ

La hora perdida

EDICIONES
COMPLUTENSE

El jurado compuesto por Luis Alberto de Cuenca Prado, José Alejandro Simón Partal, Álvaro López Fernández y Antonio José Huerga Murcia concedió el Premio Complutense de Literatura 2024, en su modalidad de Poesía, a la obra *La hora perdida* de Andrés París Muñoz.

Diseño de la colección: Leticia de Santos
Imagen de cubierta: Pixabay

Fotografía del autor: Andrés París Muñoz

PRIMERA EDICIÓN: ABRIL DE 2025

© 2024, Andrés París Muñoz
© 2025, Ediciones Complutense
    Universidad Complutense de Madrid
    Pabellón de Gobierno
    Isaac Peral s/n
    E-28015 Madrid
    T.: 91 394 1127
    info.ediciones@ucm.es
    http://www.ucm.es/ediciones-complutense

ISBN: 978-84-669-3915-7
Depósito Legal: M-5706-2025

Impresión
    Solana e Hijos Artes Gráficas
    Calle de San Alfonso, 26
    28917 La Fortuna, Leganés (Madrid)

Printed in Spain

Pavo-corazón
corazón-tórtola

LA SOMBRA MÁS REAL

«Tiene el mar su mecánica como
el amor sus símbolos»
PERE GIMFERRER

«Me acompañas como una sombra
más real que yo mismo»
LUIS CERNUDA

Contemplación de Perseidas en una playa de Cádiz (sin calificativos) con Marina Casado

«Estoy quieto, retrasado en la luz de tu memoria,
para decirte que te amo»
JAVIER LOSTALÉ

Sé que mi lágrima
pertenece en su vuelo
al mundo y ojo que ilumina.
Sé que así se inicia y se rasga,
por un momento, la belleza
que no pervive fuera del milagro.
También,
que por su herida asombran
las enaguas de iridio de algún dios
que aún cree en la música
de este bosque o ceremonia.

Y sé que se desgrana,
mientras caracoleo en tu melena,
desde el sueño, de pronto, tu alegría.

Porque la esperanza es la luz
que enfrenta el muro como llave.

Si el corte traza dos manos o abismos
y viste afortunadamente
su inocencia de labio
y baila como la sangre la rosa
entre los corales y muslos,
¿quién soy si no el mar
o todas sus aguas e instantes?,
¿quién soy para curar el orden
y negar, hasta que la piel abrigue
        —como animal del frío— nuevamente,
la memoria ante los ojos?

O un caballo de arena.
O un racimo de sal en el que amarnos.

Y mientras anidan tus dedos
con vergüenza mis mejillas,
me dices que de aquel día recuerdas:
tan solo un par de luces,
un par de voces, solamente.

Y yo
apenas me resisto a confesarte
que pude vivir al menos la tierra.
Al menos,
su pulso.
Al menos,
entre mis brazos aquel cielo.
Y pude presentir
el amanecer como una sábana

de metal arropando
tu vientre.

Gota tras gota,
vuelvo y me olvido
de no saber cómo percibe
cada estación su fruto.

Mas nunca sabré ciertas cosas.
Acaso,
¿qué razón el misterio enferma?
Acaso,
¿qué arden las palabras?,
¿y con qué viento?,
—y menos aún—
¿por qué nunca termina aquella noche?,
¿por qué acude a mí, todas las veces,
la noche de tu cuerpo con
o sin estrellas?

La espiga

«Polvo serán, mas polvo enamorado»
Francisco de Quevedo

A la intemperie,
la espiga más marchita
—por tanto haber amado— desconoce

que su llama arderá también la aurora,
que surcará su hambre la cosecha,
que erizará los campos su blancura
y toda vida tras los cielos,
que todo fue por una noche
de resplandor irrenunciable.

¿Y quién no tiene acaso,
para sentir la luz
una vez más tan solo,
bajo su incertidumbre, la esperanza
o el resto de sus días en la Tierra?

Teoría de conjuntos

La mayor diferencia
entre la noche y su vacío
es el amor,
la izada luz que al cuerpo ciñe
su existencia de sombra,
pero también
              —por el momento—
el cómplice milagro
              —*enllamecido*—
de tu mirada.

El hombre deshabitado

«Un hombre gris avanza por la calle de niebla;
No lo sospecha nadie. Es un cuerpo vacío»
                                        LUIS CERNUDA

El dolor ya se adentra por la herida
como la sierpe por su pozo:

besando con su vientre o claridad
los lugares o rizos de la sábana,
lo que amanece y contorsiona
          —irremediablemente—
no con su nombre perdonado,
sino con la admirada gratitud
por renacer primero en el abismo
junto al edificio ya escombro
que apenas tan vacío nos contuvo.

Un hilo más de oscuridad
zurce mi traje y su vacío.

En la calle, me miras y me sientes
un hombre como tú, deshabitado.

Individual

Porque el vidrio perdura más que un ángel,
ahora prefiere el fantasma
arrojar su botella como canto
para prodigar su amor
jadeante y nocturno entre cortinas.

Porque es reloj el busto de una vela
y su pluma el tiempo perdido,
solo sabe cuándo la muerte
ante un espejo.

En el reflejo, mi ceniza;
en la ceniza, una triste mueca;
en mi cuerpo, un gran copo de nieve;
y bajo el agua, una flor que late.

Grabo aquella paloma
sobre la transparencia.
Descuelgo con mano invisible
para ti mi cristal o gran aullido

y antes de arder la calle,
brota del amor su par de alas
y sin contemplación alguna
eleva tu misiva por los cielos.

Retrato para DNI

A veces,
deshabitado me pregunto
si juego cruel con el destino,
si finjo cuando ofrece gris mi boca
       —al porvenir o al fiel retrato—
la felicidad triste
de aquel que fui
por un instante.

¿Dónde mis números y ciencias?
¿Dónde mis *azules*, mi piano?
¿Dónde los *Rizomas* que horadan?
¿Dónde tu palabra que me hace
de la mejor manera
y casi siempre?
¿Dónde quién soy
en un espacio tan pequeño,
en el interior de un bolsillo
por tantos errores lavado?

Pero también
—al mismo tiempo me pregunto—

si la identidad me soporta
como soporta al derrotado marino
La gran balsa de la medusa,

si es mejor la alegría
que se brinda junto a su fecha
de expiración.

Cariño verdadero

Incendiaban ayer
tantos misterios por saberte
que el amor —ese rayo confundido—
compartió, como pan de su memoria,
la pulpa del dolor que desde dentro
dio voz a esta boca
de luz inmerecida.

Hoy, sin embargo,
transparenta la niebla.
Y por los harapos del pecho
se filtra la promesa cuyas aguas
apenas estremecen ya su baile
por el *jazz* que improvisa el tocadiscos.

Y otros cubrirán con sus manos
aquel infinito horizonte
que además puede ser la casa en llamas.
Y otros tendrán sus besos jóvenes
para enmudecer la criatura
que tienta su desgaste pálido.

Y otros tendrán la sangre púrpura
culminando al verbo sin lengua.

Mas yo tengo y me basta
—ignorando el mar en el muslo—
la forma única y madura
con la que templas
—bajo el iris bermejo del semáforo
y durante dos días más que eternos—
mi nariz fría
o mi alma desabrigada.

La hora perdida

Cuando finalmente mi cuerpo
        —torpe locura que insiste la vida—
anide frío y sin refugio
en el ocaso hundido de tu carne,
caerá la muralla de la noche
sobre las verdes yemas del deseo,
como la mano del destino
sobre el insecto entre las frutas.

Entonces, sobre mí,
este papel será mortaja,
el légamo que toca
—ásperamente vivo—
el amante dolor de aquel oscuro.

Pero tal vez,
una rosa quizá de luz
resista el gran naufragio,
tal vez,
el secreto más hondo de la tierra
que aún cantan los niños que no somos,
tal vez,

lo inadvertido en el silencio,
el beso ambarino que une:

la perdida hora que soy,
tal vez,
la rama de tiempo que eres.

Poesía de lo obvio v

El ave de mi cráneo
yacía tan enferma
que tus ojos de gato
perdieron una vida.

Esquife

«No fotografíes la tormenta»
Ángel Guinda

Medio timón.
      Una hilacha de vela.
Una madera herida.
      Un mástil carcomido,
arco de la flecha del aire.
      Una gaviota,
ciega burla sobre la quilla.
      Un errante velero.

Porque aún guarda
este barco —como un diamante—
su corazón;
vencida bajo el mar,
desiste al fin equivocada
nuestra tormenta.

Madre Naturaleza

Al alba,
los árboles crepitan su nobleza,
desperezan sus huesos y sus dientes,
ofrecen al futuro
—talento del viento—
algún cabello de corcho
palpitante de sol
para los nidos.

Hoy,
en este invierno de saudade
—sin vestido, sin piel y sin pregunta—,
brinda su pureza la rama
al pájaro herido en la noche.

¿Y a nosotros, qué duda nos sostiene?,
¿qué Madre
ignorada y silenciosa?

Poesía de lo obvio VI

Si privas a un pájaro
del dulce aire en que se vierte,
este seguirá trinando
bajo las piedras.

Endgame

Como Tristán e Isolda
se enamoraron Max y Dorothea.
Saben que el ajedrez es una forma
de morder prohibido el momento,
un calendario o laberinto
para que las horas y días
jueguen con el anhelo de pensarse
sin miedo a cruzar la frontera
última de lo real.

Y pudieron comer, tomar,
capturar, celar, enrocar,
desarrollar, clavar,
ahogar, doblar, descubrir…
sus sueños.

Y pudieron también amar.
¿Cómo podrían dos peones
ignorar el fuego de ser
que han arrastrado en su partida?

Impotente

Porque a veces la vida
—también ante los ángeles—
sucede como un don
implacable y desnudo
por la vena de lo inútil,

porque aquí permanece
la sed entre los pechos,
el ámbar de los muslos
que borda
—como el amor cainita—
la piedra de piel que soy
este verano,

porque la fruta burilada
—la pulpa y su lombriz—
en la tierra atreve más vida
que la luna más bella, más inerte,

porque no me he rendido todavía,
mis ojos se han secado
de ver el mar.

La pregunta

Si solo parte la luz esta ausencia
cuando el recuerdo no enferma la noche
aún entre las rosas
como un gemido,

si solo en la memoria
cumpliera el fuego su amenaza:
habitar en la carne ardida
como el agua entre las manos,

si solo vivo afortunado
en la caricia del olvido
cuando calma la voz el duelo
y es posible la alegría,

¿por qué vivir
sin amor entonces
no será suficiente?

Poesía de lo obvio VII

Nunca naufraga
la luz del horizonte
en las cumbres de antaño.

Deslumbramiento

La eternidad podría no yacer
en el corazón de los cuerpos.
Podría, igualmente,
cubrir entre sus sombras cada paso
como una nieve dócil e invisible.

Podría también ser la luz
que nada con sus manos la intemperie,
el cielo que aquí templa su camino,
la lluvia que derrota la ventana
y todo lo que puede ser amor
si el silencio por fin abre sus mares
para los últimos naufragios.

Podría ser nosotros.
No tengo forma de sentirlo.
Tan solo fiel deseo,
haz y envés de la frente,
sediento tallo cuyas hojas
menudas, por el tiempo, todavía,
señalan las huellas y luchas
que libramos alguna vez
con esperanza.

Y entonces —sí, amor—
podría ser nosotros.

Pero ya solamente me deslumbran
las hierbas que se erizan tras los hielos.

Poesía de lo obvio VIII

Herir el agua
—otra vez, nuevamente—.
Desahogarte.

Poesía de lo obvio IX

Tantas partidas de ajedrez
guarda el instante de madera.

Poesía de lo obvio x

Una de cada siete mil millones de personas
tampoco entiende
estos poemas.

Un deseo

¿Y si el amor
—este cauce ya polvo—,
renaciera de súbito
con las lluvias que ignoras
bajo tu pecho ardido
en tanta hierba?

¿Y si mañana no sucede
el sol que desde niño me acompaña?

EL NOMBRE

«¿Por qué tienes nombre tú,
día, miércoles?
¿Por qué tienes nombre tú,
tiempo, otoño?
Alegría, pena, siempre
¿por qué tenéis nombre: amor?»
Pedro Salinas

«Paloma brava tu nombre,
tímida sobre mi hombro»
Octavio Paz

El nombre

I

En la ceniza todo tiene un nombre.

El tiempo en su labor
—como lluvia o tristeza— tiene un nombre.
Y tiene un nombre
el temblor frío
que abrazaba la noche
tendida entre mis dos ojos
como sábana del latido amante
redonda y roja como lágrima.

Mas todo tiene un nombre,
pues en todo te nombras.

II

No presentía
—aún bajo la escarcha o la niñez—,
que podría trizarme
junto al avergonzado trueno
que naufraga silente

lejos del mar:
aquí.

Mas todo tiene un nombre.
Te nombro todavía.

III

Descubro en la costura de la ola
su insinuado misterio:
el sueño de un árbol que mece
—aéreo y de piedra en lo lejano—
su puño de carnes y frutas
—su levedad—
porque un viento le lava las camisas
para despedir con tibieza
al ahogado mar.

Como la concha aquí
ante su playa,
los años cubrirán mi sed
de arena y silencio.

IV

¿Y qué nombrar ahora?
¿Qué guarda la crisálida que atreve,
entre sombra y voz albergada,
el larvado error que ya nos consume?
¿Quién puede cantar lo indecible?
¿Cómo preservar bajo el alfiler
la esperanza fiel de un aire de beso

si solo cruza la luz el paisaje
de aquella desbordada *Eudaimonía*?

V

Y el mañana es un día más descalzo.
Y cada luna
            —a veces barca,
a veces perla—
eclipsa más que la anterior.
Y el horizonte es alba que seduce.
Y el ojo es la tormenta del pretérito.
Y vivir es el río decadente
del que huyen estas orillas.
Y la nostalgia debe ser un pájaro,
porque la he visto en desbandada.

VI

Pero el nombre, el siempre y puro,
el nombre cálido
nacido como flor entre los pechos
cuando todo lo pierda
en las fauces de un viento prometido:
el rubor, la edad de las plumas,
ayer la fe,
hoy, el tímido astro
que gira como el pomo de la puerta
en el corazón, cáscara del cielo;

el nombre acariciado, amor,
el nombre de azul peso,
servido entre huellas de nieve,

que trémulo y confuso
abierto juega en el rosal
templado de mi sangre...

VII

Y cuando doren los caminos
y brote la ciudad de su ceniza
y amaine al fin la oscura nube
por el último sol en esta casa;
cuando tenga palabras mi silencio
y en él se afiance lo vivido,
las cosas
solo tendrán
      —irresistibles,
           huyendo entre los dedos—
un nombre:
tu nombre de agua.

Este libro se terminó de imprimir
en la imprenta Solana e Hijos Artes Gráficas
el 23 de abril de 2025.